Idee und Texte: Michael Kernbach

Cartoons und Illustrationen: Miguel Fernandez

2. Auflage 2012

© 2011 Lappan Verlag GmbH
Postfach 3407 · 26024 Oldenburg
www.lappan.de
Printed in Italy
ISBN 978-3-8303-4240-3

er Lappan Verlag ist ein Unternehmen
r Verlagsgruppe Ueberreuter.

Du hast es

Geschafft

Endlich im Ruhestand!

Endlich gerne ins Büro gehen

Was glauben Sie, ist binnen kürzester Zeit der angenehmste und kurzweiligste Zeitvertreib für einen Ruheständler? Reisen? Angeln? Shoppen? Falsch! Es ist der Besuch im Büro, wo mit dem Eintritt in den Ruhestand eine spiegelverkehrte Welt auf Sie wartet. War es bis vor Kurzem unter den Kollegen ein beliebtes Gesellschaftsspiel, Sie zum letzten aller Heimgeher zu machen, wären dieselben Gesellen jetzt heilfroh, Sie würden endlich von Ihrem ehemaligen Arbeitsplatz verschwinden.

Denkste! Jetzt ist Rückzahltag, und es bedarf keiner allzu großen sadistischen Veranlagung, um sich daran zu erfreuen, wenn man an alter Wirkungsstätte die ollen Schweinepriester von früher mit langatmigen Geschichten von der Arbeit abhält, ungefragt ständig gute Ratschläge erteilt und auch sonst alles tut, um den sowieso schon grauen Arbeitsalltag der lieben Ex-Kollegen noch ein wenig trister zu gestalten. Falls Sie, wider Erwarten, dabei ein schlechtes Gewissen überkommen sollte, können Sie für Ihr inneres Auge ein 'Best of Kollegengemeinheiten' der letzten 30 Jahre bereithalten. Nach diesem Horrorfilm fallen die Bürobesuche wieder ganz leicht.

Nie mehr blau machen

Geschafft! Sie haben nun endlich Ihre Berufslaufbahn vollendet und müssen darum, neben vielen anderen Dingen, auch nie wieder Blau machen. Klingt toll, ist aber eine Veränderung, die eigentlich keine ist.

Denn außer, dass Sie die Entscheidung, heute mit dem Allerwertesten im Bett zu bleiben, jetzt niemandem mehr mit verstellter Grabesstimme und Wäscheklammer auf der Nase per Telefon mitteilen müssen, ändert sich für Sie ja nix.

Die vielen Ärzte zum Beispiel, die Sie früher des Gelben wegen konsultiert haben, besuchen Sie nun aus anderen Gründen weiter. So gesehen war das Blau machen sogar eine wichtige Übung für den Ruhestand, da Ihnen nun eine gute Übersicht der ärztlichen Versorgung in Ihrer Nähe zur Verfügung steht!

Endlich keine Betriebsfeiern mehr

Ein Fest, bei dem man aufpassen muss, wann man wie laut mit wem worüber lacht und das einem im schlimmsten Fall zwei Karrierestufe kosten kann.

Das ist kein Gesellschaftsspiel des Marquis de Sade, sondern die real existierende Weihnachtsfeier. Niemand wird Sie in Zukunft mehr zwingen, mit den Flachpfeifen aus dem Vertrieb oder den Waldmenschen aus dem Außendienst auf dufte zu machen, nur weil der Chef das so will. Ok, Familienfeiern sind auch nicht viel besser, aber da kann man ohne Abmahnung weg bleiben oder mit spitzen Bemerkungen die Stimmung unter absolut Null treiben. Kritisch wird's erst wieder im Seniorenstift, wo man diesen flinken, austrainierten Pflegern schlecht auskommt und sich ruckzuck im Sabber- und Singkreis wiederfindet. Aber das ist ja Gott sei dank für Sie noch ein paar Lebenskapitel weit entfernt.

Adieu Urlaub

Ruhestand hat durchaus auch seine ambitionierten Wegstrecken, die völlig neue Gangarten durchs Leben erfordern.

In Ihrem bisherigen Dasein als Knecht des Kapitals waren Sie es zum Beispiel gewohnt, monatelang auf genau zwei Wochen hinzurackern, in denen Sie mit den anderen Ameisen zusammen in einer Ferienanlage am Mittelmeer um Liegenplätze an Hotel-Swimmingpools gekämpft und dort miesen Wein in sich hinein geschüttet haben, weil der „all inclusive" war. Urlaub eben. Schön, ihn zu haben, noch schöner, wenn er wieder zuende geht. Das brauchen Sie nun nicht mehr. Urlaub ist für einen Menschen in Dauerfreizeit eine absurde Beschäftigung. Suchen Sie darum statt exotischer Reiseziele lieber einen Minijob – das Abenteuer ist so nah!

Keine Meinung mehr haben müssen

Von allen gefährlichen Hinterfotzigkeiten, auf die der Mensch in seinem Leben höllisch achten sollte, ist die Frage nach Ihrer Meinung definitiv eine der größtanzunehmenden Schweineigeleien gewesen.

Denn eines ist mal klar: wer auch immer Sie nach Ihrer Meinung gefragt hat, er hat es zu 99% getan, um Sie damit vor aller Welt als einen Vollsepp dastehen zu lassen. Eine Falle, so perfide und unentrinnbar, dass Berufsgruppen wie Politiker und Fußballspieler sich in tausenden von Jahren sogar eine eigene Sprache erarbeitet haben, um mit ihren Worten nachweislich gar nichts zu sagen. Eine Kunst, die nur die wenigsten von uns zu beherrschen gelernt haben. Dieses Dilemma hat für Sie nun ein Ende. Die Meinung eines Ruheständlers tut nix mehr zur Sache. Oder was meinen Sie?

Nie mehr Sonntags ausschlafen

Der Ruhestand ist die perfekte Lebensphase, um alte, schlechte Angewohnheiten über Bord zu werfen. Eine davon ist sicherlich das Ausschlafen am Sonntag. Früher mag das ja ein sinnvolles Wochenend-Ritual gewesen sein, aber heute? Für Sie gibt es ja gar kein Wochenende mehr! Sie sind der fleischgewordene Samstagnachmittag, kurz vor der Sportschau. Ihr Leben ist eine einzige Kaffeepause, ein ewiger erster Urlaubstag.

Sie haben sich früher gewundert, warum ältere Menschen mit immer weniger Schlaf auskommen? Jetzt wissen Sie warum! Lassen Sie sich bloß nicht Ihre neue Neigung zum Frühaufstehen als senile Bettflucht und damit als Anzeichen Ihres Niedergangs verunzieren. Sie sind halt ausgeruht und können jeden Tag um 5 Uhr morgens anfangen. Auch Sonntags. Für den wiederum sollten Sie sich passende Hobbys suchen, wie gleich nach dem Erwachen Verwandte anrufen oder einfache Wirbel auf der Marschtrommel üben. Das hält Sie in der Erinnerung Ihrer Mitmenschen wach und ist weitaus amüsanter als Ausschlafen. Und das kann man auch noch, wenn man tot ist!

Endlich Zeit zum Nerven

Das schlimmste an der täglichen Maloche ist, dass Vieles nur wegen der doofen Arbeit unerledigt bleibt. Etwa die Ungeziefer-Bekämpfung. Nehmen wir mal die Plage der allgegenwärtigen Geld-Egel.

Millionen dieser betrügerischen Wirtschafts-Zecken saugen sich mit Ihren halbfertigen Produkten und schludrigen Dienstleistungen an den Portemonnaies der Werktätigen voll, nur, weil kein normaler Mensch die Zeit hat, gegen diese gierigen Mistkäfer anzugehen. Bis heute. Denn jetzt gibt es Hoffnung. Jetzt gibt es Sie! Beschwerdebrief-Man und Reklamations-Woman. Bringen Sie mit Ihren frisch gewonnenen Superkräften 'Freizeit' und 'Langeweile' die Nervenzentren ganzer Konzerne zum Zusammenbruch und rächen Sie sich so für jede Unbill, die Sie je ertragen mussten. Gott vergibt, Rentner nie!

Endlich Zeit für Zeitver-
schwendung

Das Ende des Arbeitslebens wurde Ihnen ein Leben lang als der Eintritt in den Garten Eden verkauft. Aber wie so oft im Leben ist auch hier nix so, wie es mal im Katalog ausgesehen hat. Die meisten Hobbys und Vorhaben, die Ihnen den Übergang in die nächste Bewusstseinsstufe verkürzen sollten, stellen sich bei kurzer, intensiver Beschäftigung als stinklangweilig heraus.

Versuchen Sie darum erst gar nicht, mit Münzen, Briefmarken oder original oberfränkischen Backrezepten im letzten Lebensdrittel selig zu werden. Nutzen Sie die Pluralität der Angebote, denn Zeittotschlagen ist mittlerweile ein Zukunftsmarkt mit echter Performance. Hobby-Hopping ist der Trend der späten Stunden! Lassen Sie sich von den Nachbarkindern Online-Games und eine Wii erklären. Außerdem warten im Guinnessbuch zahllose hirnweiche Rekorde darauf, endlich von Ihnen gebrochen zu werden. Zeigen Sie der Welt, wozu niemand außer Ihnen fähig ist – weil außer Ihnen keiner Zeit für so viel Blödsinn hat. Viel Spaß.

Nie mehr nach Feierabend
in die Kneipe gehen

Auch hier wieder ein echter Zugewinn an Lebensqualität: Die Kneipengänge nach Feierabend, dieses ritualisierte Schönsaufen eines miesen Arbeitstages, gehört nun endlich der Vergangenheit an!

Moment, Moment wird nun der ein oder andere sagen. Es war nicht alles schlecht in der Lohnknechtschaft und gerade die tägliche blaue Stunde in der Eckkneipe war doch immer einer der schöneren Momente jeder durchschnittlichen Kalenderwoche. Mitdenken, Kollege! Ein echter Ruheständler geht nicht mehr nach Feierabend in die Wirtschaft, weil? Klar, weil er schon seit Mittag am Tresen auf seine Ex-Kollegen wartet. Prost!

Endlich auffallen dürfen

Das Schlimmste an der Arbeit war ja gar nicht die Arbeit selbst, sondern der ganze Zirkus drumherum.

Haarschnitt, Kleidung, das Benehmen in der Öffentlichkeit – auf alles musste man achten, denn eine wahre Arbeitsbiene ist eben rund um die Uhr im Dienst. Das gehört nun der Vergangenheit an. Ob Sie nun zum Sonnen nackt im Park liegen oder auf dem Marktplatz Straßenmusik machen, geht niemanden mehr etwas an. Es drohen Ihnen weder Versetzungen oder Abmahnungen. Sie gehören schließlich zu den letzten Mohikanern der 'Die Rente ist sicher'-Blumenkinder. Versuchen sie trotzdem, Ihre Lust am auffallenden Verhalten halbwegs zu regulieren, denn auf eine Einlieferung in eine Psychiatrie und die darauf folgende Entmündigung warten ja doch nur Ihre gierigen Erben!

Endlich unkündbar

Endlich geschafft – als Ruheständler sind Sie sowas von derart endgültig entlassen, dass dieser Daueralptraum der letzten Jahrzehnte für Sie ab sofort keine Bedrohung mehr darstellt.

Im Gegenteil, ist man erst mal aussortiert, lebt's sich reichlich ungeniert! Nutzen Sie die sich reichlich bietenden Gelegenheiten, auf 400 Euro-Basis den Geschäftsrevolutionär zu geben oder provozieren Sie Mitarbeiter Ihnen missliebiger Unternehmen so hemmungslos mit doofen Fragen und kleinlichen Eingaben, bis Sie diese wegen leichter Körperverletzung oder schwerer Beleidigung vor ein Gericht und in die Arbeitslosigkeit befördern können. Das mag gemein klingen, erfüllt aber einen wichtigen Zweck in unserer darwinistischen Arbeitswelt. Merke: nicht die Schnellen fressen die Langsamen, sondern die Alten alle anderen!

Nie mehr Schlange stehen

Der Marathonlauf im Hamsterrad des Erwerbslebens war derart gespickt mit Schikanen und Schwierigkeiten, dass man gerade am Anfang des Ruhestands gar nicht weiß, worüber man sich jetzt zuerst und am meisten freuen soll. Fangen Sie darum bei den kleinen Dingen des Alltags an. Etwa beim Schlangestehen.

Das brauchen Sie nicht mehr. Genießen Sie jetzt lieber die tempelgleiche Ruhe eines Lebensmittel-Ladens gegen 10.45h oder 14.15h und ergötzen Sie sich an dem Erlebnis, wie eine gelassene Kassenfee mit nahezu überirdischer Geduld Ihren Bemühungen folgt, eine Dose Katzenfutter in Centstücken zu zahlen. Sollte Ihnen soviel Himmel auf Erden allerdings langweilig werden, dann verlagern Sie Ihre Einkäufe in die Mittagspausen und kurz nach Feierabend. Kochen Sie den Malochermob in der Schlange auf kleiner Flamme gar, während Sie Kupferstück für Kupferstück aus einem Schlüsselmäppchen kramen. Aber Vorsicht: Schlangen können schließlich ganz schön gefährlich werden!

Endlich Zeit für die Enkel

Als wäre alles nicht schon immer schwer genug gewesen, hat man Ihnen womöglich, mitten in der Zeit beruflicher Volllast, von staatlicher wie von kirchlicher Seite auch noch die Aufzucht von Kindern aufgeschwatzt. Und? Was hat's gebracht? Nix als zusätzliche Sorgen von Schulabbruch bis Schwangerschaft.

Eigentlich sind Ihre Erfahrungen mit Minderjährigen Grund genug, um in Zukunft einen weiten Bogen um die Spezies Kind zu machen. Ausnahme: Die eigenen Blagen waren blöd genug, sich ebenfalls als Fortpflanzer zu versuchen. Die Ergebnisse dieser Experimente können nun der Stern Ihrer Rentnertage werden. Beverly oder Justin sind die perfekte Möglichkeit, der eigenen Brut alles haarklein heimzuzahlen, was sie in den zurückliegenden Jahren mit Ihrem Nervenkostüm angerichtet hat. Begegnen Sie dabei dem Phänomen Enkel wissenschaftlich. Verifizieren Sie etwa die Pawlow'schen Versuche. Bringen Sie den Kleinen bei, das lautes, hysterisches Schreien mit Schokolade belohnt wird.

Nie mehr Rafting

Wer hätte gedacht, dass ausgerechnet der durch und durch bodenständige Sepp Herberger selig an einer der schlimmsten Berufskrankheiten der Neuzeit schuld sein könnte.

Ist aber so, denn seit seiner Forderung, 'Elf Freunde müsst ihr sein' quälen Personaler und Filialleiter ihre Bürobesatzungen mit mannschaftsbildenden Maßnahmen, dem wunderbaren Teambuilding. Es ist ein Segen nicht mehr an solch einer ekstatischen Vernichtung von Geld und Zeit teilnehmen zu müssen. Die Klettergarten-Exzesse mit der fetten Kuh Frau Müller, die Trommelworkshops mit dem rhythmischen Legastenikern aus der Buchhaltung und vor allem, das Raften, also das betreute Ertrinken in Gummibooten, das alles gehört nun endlich der Vergangenheit an!

Nie mehr Interesse heucheln müssen

Wissen Sie, was der kleinste gemeinsame Nenner praktisch aller beruflichen Tätigkeiten ist? Sie sind nach spätestens einem Jahr stinklaaaaaaaaaangweilig! Was automatisch zu der Fähigkeit führt, die ganze Generationen von Erwerbstätigen tadellos beherrschen: Interesse heucheln.

Interesse für die Ideen des Chefs, die Wünsche der Kunden, die Klagen der Kollegen – links rein, rechts raus, so dass man nach ein paar Jahren Schwierigkeiten hat, überhaupt noch etwas ernsthaft spannend zu finden. Diese Heuchelei ist nun vorbei! Jetzt können Sie sagen was Sie denken, jedem und jederzeit, und zwar laut und in GROSSBUCHSTABEN. Machen Sie aus Ihrem Herzen keine Mördergrube, beschweren Sie sich und lassen Sie Ihrem Unmut freien Lauf. Haben Sie dabei keine Sorge, irgendwem wirklich zu nahe zu treten, denn links rein und rechts raus – das kann auch die next generation!

Nie mehr Schnaps von der Tanke

Das Ende des Arbeitslebens ist nachweisbar die größte Umstellung im Leben des westeuropäischen Menschen. Ein Umbruch, der von uns auch die Aufgabe vieler lieb gewonnener Gewohnheiten verlangt. Eine davon ist der morgendliche Besuch auf der Tanke.

BILD, zwei Underberg und Mundspray waren jahrelang das Kontinentalfrühstück, ohne das der Anblick Ihrer Kollegen gar nicht zu ertragen gewesen wäre. Heute jedoch können Sie sich den Weg zur Tanke sparen. Das, was man sich schön saufen müsste, finden Sie nun nicht mehr auf der Arbeit, sondern zuhause in der Küche oder im Fernsehen. Das bedeutet vor allem eins: Sie können jetzt auf Mundspray verzichten, denn es gibt augenscheinlich niemanden mehr, der Ihnen wegen Ihrer Fahne noch ernstliche Probleme bereiten könnte. Schließen Sie trotzdem Ihren Tankwart für die Hilfe in schweren Zeiten in Ihre Gebete ein. Danke, Tanke!

Nie mehr zu spät kommen

„Wer hat an der Uhr gedreht, ist es wirklich schon so spät?", kalauerte vor gefühlten 1000 Jahren der Rosarote Panther im Kinderfernsehen und diese Zeile schwebte wie ein Menetekel über Ihrem gesamten Berufsleben. Schluss damit! Jemand, auf den niemand wartet, kann auch nicht zu spät kommen.

Wenn Ihnen das Phantomschmerzen bereitet, machen Sie Termine beim Friseur oder beim Zahnarzt und gehen Sie einfach eine halbe Stunde zu spät dort hin. Bringen Sie noch mal Ihr 'Best of' an handwarmen Ausflüchten an die Empfangsdame: 'Bin unterwegs mit einem Herzstillstand zusammen gebrochen' oder 'Wurde im Bus als Geisel gehalten' und 'Die Lösegeldverhandlung hat gedauert' und genießen Sie den widerspruchslosen Unmut der Fachkraft, die schließlich etwas tut, was Sie nie wieder machen müssen: auch nur Ihren Job!